AF234127

7 AVR. 1824 — 3 avril 1824   25

CATALOGUE

DE BONNES ESTAMPES

EN FEUILLES ET EN VOLUMES,

PLANCHES GRAVÉES,

ET QUELQUES DESSINS,

Provenant de M.r * * *Grabit de Lyon

Par F.-L. REGNAULT-DELALANDE.

*Cette Vente se fera le Mercredi 7 et le Jeudi 8 Avril,
six heures de relevée,*

HOTEL DE BULLION (Salle N.º 4),
Rue J.-J.-Rousseau, N.º 3.

*On verra le Mercredi 7, de midi à trois heures, les
principaux Articles de cette Collection.*

Le présent Catalogue se distribue à PARIS,

Chez MM.
{ FÉLIX, Commissaire-Priseur, rue du Faubourg
Poissonnière, n.º 18;
REGNAULT-DELALANDE, Peintre et Graveur,
cul-de-sac des Feuillantines-St.-Jacques, n.º 12.

DE L'IMPRIMERIE DE LEBLANC,
1824.

ABRÉVIATIONS.

D'apr.	d'après.	Morc.	Morceau.
Déd.	Dédicace.	P.	Pièce.
Épr.	Épreuve.	p.	pouce.
Est.	Estampe.	pap.	papier.
H.	Hauteur.	Pl.	Planche.
L.	Largeur.	Tit.	Titre.
l.	ligne.		

(Voir l'Ordre de la Vente , page 24.)

7 Avril 1824

AVERTISSEMENT.

Au nombre des Estampes de cette Collection,
les Morceaux suivans, tous Epr. avant la lettre,
savoir : par M.ʳ ANDERLONI, la Femme adultère ;
— par B. AUDRAN, la Résurrection ; — par
M.ʳ BAQUOY, Fénélon ; — par M.ʳ DESNOYERS,
la Vierge aux Rochers ; — par M.ʳ FORSTER,
l'Aurore et Céphale ; — par GIRARDET, l'Apothéose d'Auguste ; — par M.ʳ JAZET, Louis XVI
recevant le Duc d'Enghien ; le premier Régiment de
Hussards en tirailleurs ; — par MM. JOHANNOT
et LECOMTE, le Trompette, le Chien du Régiment ; — par M.ʳ LAURENT, la Communion de
Saint Jérôme, Epr. sur pap. de Chine ; — par
M.ʳ LIGNON, le Prince Royal des Pays-Bas ; — par
M.ʳ Urb. MASSARD, Sainte Cécile, Atala ; — par
M.ʳ MOREL, Bélisaire ; — par M.ʳ MORGHEN,
les trois Ages ; — par M.ʳ H.-C. MULLER et
BARTOLOZZI, la Vierge et Saint Jérôme, Epr.
sur pap. de Chine ; — par M.ʳ PIGEOT, le Couronnement, l'Hôpital de Jaffa, Phèdre et Hippolyte, les Révoltés du Caire ; — par M.ʳ PIRINGER,
les quatre Points du Jour, Danse à une fête de
village ; — par M.ʳ PRADIER, Jean VI, Roi de
Portugal ; — par M.ʳ RICHOMME, Triomphe de
Galatée ; — par M.ʳ SCHENKER, la Vierge au

Donataire; — par M.ᵉ *J. Scott*, *Der Sieg Bey Leipzig*; — par M.ᵉ Sixdeniers, Honneurs rendus à Raphaël; — par M.ᵉ Tardieu, la Communion de Saint Jérôme; — par *J. Volpato*, l'Aurore. Des Portraits, des Vignettes et des Vues, gravés en Angleterre et en France; plusieurs des Epr. sont sur pap. de Chine.

Les Estampes dont on a donné la grandeur, sont mesurées du trait carré ou de la bordure gravée qui entoure la Composition.

CATALOGUE.

ESTAMPES EN FEUILLES.

ANDERLONI (Par Mr *Pierre*).

1 La Femme adultère : *Tizianus Veccellius inv.*;
Petrus Anderloni del. et *sculp.* H. 15 p. 11 l., L. 23 p.
7 l. Epr. avant la lettre; l'inscription *Qui sine pec-
cato..... mittat. Joann. VIII. 7.* tracée à la pointe.

ANGUS (Par *W.*).

2 Vues de Châteaux et de Parcs, la plupart d'Angleterre, d'apr. Cuit, N.-J. Dall, E. Dayes, Lord Dun-
cannon, Evans, T. Malton, Cl. Nattes, Piron, J.-C.
et Humb. Repton, G. Samuel, W. Watts et T. Wheat-
ley. 19 P.

AUDRAN (Par *Jean*).

3 La Résurrection de N.-S., d'apr. le Tabl. d'Ant.
Coypel au maître-autel de la chapelle du château de
Meudon : Sujet cintré, H. 22 p. 8 l., L. 13 p. 6 l.,
compris la bord. gravée qui entoure la Composition :
2 Epr. avec les armes du Dauphin; la 1.ere de ces
Epr. est avant *Ant. Coypel pinx. I. Audran sculpsit.
SERENISSIMO DELPHINO. Hæc Tabella...
serviis ANT. COYPEL.*

BAQUOY (Par Mr *Pierre*).

4 Fénélon, *peint par Fragonard*, gravé par *P. Baquoy.* H. 18 p., L. 14 p. 10 l., compris la bordure
gravée qui entoure la Composition. Epr. avant la
lettre.

BATTY (D'après *le Capitaine*).

5 Vues de France, gravées par *G. Corbould, Ed. Finden, Ch. Heath, S. Lacey, Rob. Wallis* et *C. Westwood :* 12 r. Epr. avec la lettre grise, pap. de Chine.

BERVIC (Par *Charles-Clément*).

6 L'Enlèvement de Déjanire, d'apr. Guido Reni; — l'Éducation d'Achille, d'apr. M.ʳ J.-B. Regnault.

7 La Demande acceptée, d'apr. N.-C. Lépicié.

BOVINET et *Joseph* **COINY** (Par).

8 Victoire d'Aboukir (25 juillet 1799), *peint par le Jeune, gravé par Bovinet.* — Bataille de Marengo (26 mai 1800), *peint par le Jeune, gravé par Coiny.* h. 20 p. 5 à 7 l., l. 28 p. 7 à 11 l.

COOKE (Par *George* et *W. B.*).

9 Vues, Antiquités et Ponts, d'apr. W. Alexandre, J.-C. Bukler, Ed. Blore, P. Dewint, L. Francia, W. Havell, S. Owen et I.-M.-W. Turner : 20 r. (1 gravée par *J.-C. Allen*), 17 avec la lettre grise, et 2 pap. de Chine.

DELAUNAY (Par *Nicolas*).

10 Marche de Silène, d'apr. Rubens, par *Delaunay;* 7 autres Morc. par *Beisson, Pillement, MM. Daudet* et *Tassaert :* 8 r.; 4 sont avant la lettre.

DESNOYERS (Par M.ʳ *Aug.-Boucher*).

11 La Vierge aux Rochers, Sujet cintré; les angles du cintre teintés à une seule taille : *Leonard de Vinci Pinxit, Aug. Desnoyers Del* et *Sculp.* h. 16 p. 5 l., l. 11 p. Epr. avant la lettre.

Suite des Morceaux de M.ʳ Aug.-Boucher DESNOYERS.

12 Vénus désarmant l'Amour : *Robert Lefevre, pinxit, Henri del.ᵗ, Aug. Desnoyers sculpsit,* 1799. h. 15 p. 9 l., l. 11 p. 11 l. r. au pointillé.

DUPARC (Par M.ᵉ *Mar.-Cath. Alexandre*).

13 Morceaux, la plupart de l'ouvrage intitulé : *Vues de Constantinople et des Rives du Bosphore,* d'apr. M.ʳ *Melling,* par M.ᵉ *Duparc,* etc. 8 r.

FORSTER (Par M.ʳ *François*).

14 L'Aurore et Céphale : *P. Guérin Pinxᵗ F. Forster sculp.ᵗ,* 1821. h. 17 p., l. 12 p. 9 l. Epr. avant la lettre.

GARAVAGLIA (Par *Giovita*).

15 La Vierge soutenant l'Enfant-Jésus qui caresse le petit Saint Jean : *Vincenzio da San Gimignano dipinse, Giovita Garavaglia incise.* h. 13 p. 10 l., l. 10 p. 4 l.; les deux lignes d'inscription : *Die Madonna....... Zu Dresden* en lettre grise.

GIRARDET (Par *Abraham*).

16 Apothéose d'Auguste, Camée antique de la Sainte-Chapelle : Epr. avant la lettre.

HAVELL (Par *Robert*).

17 Représentation des Élections des Membres de Parlement, pour Westminster, 1818, d'apr. G. Scharf, par *Havell;* — *Ascot Heath Races, Epsom Races,* par *J. Pollard;* — et six Vues, par *J. Bluck, D. Havell, J. Hill* et *J. Stadler :* 9 r. à l'aquatinte. Epr. en couleurs.

JAZET (Par M.ʳ).

18 Siècle de François I.ᵉʳ (époque de 1518), d'apr.

Suite des Morceaux de M.ᵣ JAZET.

M.ᵣ Lemonnier. Cette r. et celle des deux articles suivans sont à l'equatinte.

19 Louis XVI recevant le Duc d'Enghien au séjour des Bienheureux, d'apr. M.ᵣ Roehn. h. 17 p. 3 l. , l. 25 p. 2 Epr. avant la lettre. 2 Lots.

20 Premier Régiment de Hussards en tirailleurs : *H. Vernet Pinx*, *Jazet Sculp*. h. 19 p. 4 l , l. 23 p. 11 l. Epr. avant la lettre.

JOHANNOT et LECOMTE (Par MM. *Charles*).

21 Le Trompette : *Horace Vernet pinxit* , *Charles Johannot sculp.* — Le Chien du Régiment : *h. Vernet p* *Lecomte sculp.* h. 19 p. 7 l. , l. 23 p. 7 l. Epr. avant la lettre ; seulement les noms d'auteurs tracés à la pointe. Ces 2 r. au pointillé.

LAURENT (Par M.ᵣ *Henri*).

22 La Communion de Saint Jérôme, d'apr. le Dominiquin ; gravée sur le Dessin de M.ᵣ Bouillon. h. 14 p. 11 l. , l. 9 p. 2 l. Epr. avant la lettre, pap. de Chine. r. du Musée Royal.

LIGNON (Par M.ᵣ *Frédéric*).

23 Guil.-Alex.-Paul-Frédéric, Prince d'Orange, représenté en uniforme, Portrait en pied : *Eques J^h Odevaere pinx. Brux. F. Lignon Sculp.* h. 20 p., l. 13 p. 7 l. Epr. avant la lettre ; seulement les noms d'auteurs indiqués en points.

LINGÉE et M.ᵣ *John* GODEFROY (Par *Charles-Louis*).

24 B........ *dessiné par Isabey à la Mal-Maison ; gravé par C.-L. Lingée, et terminé par Godefroy.*

n. 24 p. 5 l., l. 16 p. 5 l. r. publiée en 1803. — Plus,
Marie - Louise, Archid.* d'Autriche : *dessiné par
J.-M. Bosio ; gravé à Milan par Lovis Rados de
Parme*, 1801. Ces deux Morc. au pointillé. 2 Lots.
MASSARD (Par M.* *Raphaël-Urbain*).

25 Sainte Cécile : *peint par Raphaël d'Urbin ; gravé par
Raphaël-Urbain Massard.* n. 19 p., l. 12 p. 2 l. Epr.
avant la lettre et avant les armes ; seulement les noms
d'auteurs.

26 Atala : *A.-L. Girodet-Trioson pinx.* 1808 ; *Raph.
Urb. Massard sculp.* n. 14 p. 11 l., l. 19 p. 4 l., Epr.
avant la lettre, seulement les noms d'Auteurs tracés
à la pointe.

MÉCOU (Par M.* *Joseph*).

27 Scènes familières, Morc. au pointillé, d'apr. M.*
Sicardi ; 3 p. Epr. avant la lettre.

MIDDIMAN (Par *Samuel*).

28 Vues d'Angleterre et autres ; d'apr. G. Barrett, S.-H.
Grim , J.-J. Ibbetson , T. Malton , W. Marlou ,
M. Michell , W. Payne , J. Wathen et F. Wheatly.
15 p.

29 *An italian Sea-port*, d'apr. Salvator-Rosa , par
Middiman ; 12 autres morc. par *Canot, Mason,
Mortimer, Noble* et *Ank Smith.* 13 p.

MOREL (Par M.* *Antoine-Alexandre*).

30 Bélisaire : *David pinx. et direx., Alex. Morel sculpsit*
(an 9). n. 19 p. 3 l., l. 22 p. 11 l. Epr. avant la
lettre ; seulement *David Pinx, Morel Sculp* indiqués
en points.

31 OEdipe : *peint par Ant. Giroust, gravé par Antoine
Alexandre Morel ;* n. 19 p. 5 l., l. 22 p. 6 l.

MORGHEN (par M.ʳ *Raphaël*).

5₂ La Sainte-Famille , *Andreas Vannucchius pinxᵗ vulgo dicta And. del Sarto , Raphaël Morghen sculp. Flor.* ʜ. ₁₃ p. ₂ l. ₁, ₂₇ p. ₂ l. Sujet dit : *la Madonna del Sacco.* Compos. peinte dans un cintre au cloître des Servites à Florence.

33 Les trois Ages : *Peint par François Gérard, gravé par Raphaël Morghen ;* ʜ. ₁₆ p. 8 l., ₁. ₂₁ p. 3 l., Epr. avant la lettre.

MULLER (par M.ʳ *Henri-Charles*)..

34 La Vierge et Saint-Jérôme : d'apr. le Corrège , sujet cintré. ʜ. ₁₃ p. 6 l., ₁. 9 p. 5 l., Epr. avant la lettre, pap. de Chine; r. du Musée Royal (*).

NIQUET (par M.ʳ *Claude*).

35 La Descente de Croix, d'apr. Rubens, par M.ʳ *Niquet;* ₂ autres morc. d'apr. MM.ᵣˢ Gautherot et Guerin; 4 r. 3 sont avant la lettre. ₂ Lots.

PIALE (par *Etienne*).

36 Le Massacre des Innocens , d'apr. Raphaël, par *Piale;* 9 autres morc. par *Haldenwang, J. Geor. Preisler, Raber, C. Wilkin,* et M.ʳ *Claessens;* 10 r. 4 sont avant la lettre.

PIGEOT (par M.ʳ *François*).

3₇ Le Couronnement , d'apr. M.ʳ L. David; — l'Hôpital de Jaffa, d'apr. M.ʳ A. J. Gros; — Phèdre et Hippolyte,

---

(*) Planche commencée par Bartolozzi, à l'âge de quatre-vingt-cinq ans; terminée, après sa mort, par M.ʳ H.-C. Muller, en 1822.

et Pardon accordé aux révoltés du Caire , d'apr. M.ʳ
P.-Nar. Guérin. ᴘ. de la suite dite, *les Prix décennaux.*
Epr. avant la lettre , 6 Epr. 3 Lots.

38 Sujets d'apr. MM.ʳˢ David , Gros et Guerin ; 4 ᴘ. de
la suite dite *les Prix décennaux.* Epr. avant la lettre.
2 Lots.

PIRINGER (par M.ʳ *Barthelmi*).

39 Les Chasseurs , les Pâtres ; d'apr. Rembrandt : ʜ. 13
p. 11 l., ʟ. 19 p. 3 l., 2 ᴘ Epr. en couleurs.

    Nota. Ces deux Morceaux et ceux des cinq articles
suivans gravés à l'aquatinte.

40 Les Chasseurs, les Pâtres, d'apr. Rembrandt ; — Le
Délassement champêtre , l'Incendie d'un Village ,
d'apr. Veith; les deux dernières ᴘ. portent 17 p. 10 l.
de ʜ. sur 25 p. 2 l. de ʟ.

41 Les quatre Points du Jour représentés par des
Paysages enrichis d'épisodes tirés de l'Histoire Sainte ,
savoir : le Mᴀᴛɪɴ, Jacob et les deux filles de Laban;
le Mɪᴅɪ, la Sainte-Famille ; le Soɪʀ , Tobie et l'Ange;
la Nᴜɪᴛ, Jacob et un Ange; d'apr. Claude Lorrain;
ʜ. 15 p. 7 l., ʟ. 21 p. 6 l., Epr. avant la lettre. tit.
et inscrip. en lettre grise.

42 Marine , vue au soleil couchant; Paysage ou coule
une rivière dans laquelle un Pâtre fait abreuver
son troupeau ; d'apr. Claude Lorrain. ʜ. 14 p. 1 l.,
ʟ. 19 p. 4 l., 2 ᴘ.

43 Danse à une Fête de Village , d'apr. Claude Lorrain.
ʜ. 18 p. 10 l. , ʟ. 25 p. 9 l., Epr. avec la lettre au
trait.

44 Vues de Constantinople , d'apr. M.ʳ Preault. 21 ᴘ.
en ʟ.

PLACE (par M.ᵉ).

45 l'Enfant volé est découvert, l'Enfant perdu retrouvé, d'apr. Miss. Spilsbury. н. 16 p. 3 l., l. 20 p. 6 l., г. au pointillé, 16 Epr. 8 Lots.

PRADIER (par M.ᵉ).

46 *Dom Joao VI. Rei do Reino Unido de Portugal e do Brasil e Algarves.* représenté en pied, d'apr. le tabl. de M.ᵉ Debret. н. 21 p. l. 15 p. 3 l., Epr. avec la lettre grise.

RAMBERG (par *Jean-Henri*).

47 Le Marchand d'Esclaves, les Lunettes, et le Rossignol, dessinés et gravés par *Ramberg.* Plus, cinq morc. par *Lasinio*, en tout. 8 г. à l'aquatinte. Epr. en couleurs.

REGNAULT (par *Nicolas-François*).

48 La Fontaine d'Amour, le Songe d'Amour, d'apr. H. Fragonard. н. 19 p. 9 à 11 l., l. 15 p. 8 à 11 l. 2 г. au pointillé.

REMBRANDT (par *Van Rhyn, dit*).

49 La Descente de Croix, sujet gravé en 1633, г. en н. Epr. avec les mots *Amstelodami Justus Danckers Excudebat.*

RICHOMME (par M.ᵉ *Joseph-Théodore*).

50 Triomphe de Galatée, *peint à fresque par Raphaël, dessiné et gravé par Jᵖʰ. Tʳᵉ. Richomme.* 820; н. 18 p. l. 14; Epr. avant la lettre.

ROGER (Par M.ᵉ *Barthélemy*).

51 Oh! les jolis petits Chiens; Mange mon Petit, mange, d'apr. Prud'hon par M.ᵉ *Roger;* plus, *Bélisaire*, des-

siné d'après le Tableau original de *s.^t Gérard G:
Reverdin del.^t s.^t Gérard sc.^t. 3 r.* au pointillé.

SCHENKER (Par Mr N.).

52 La Vierge au Donataire dite *la Madone de Foligno*,
d'apr. Raphaël. Epr. avant la lettre.

SCHULER (Par Mr *Charles*).

63 L'Innocence outragée, *peint par Ph. Van Brée,
dessiné et gravé par Ch. Schuler*, 1815. *n.* 16 p. 6 l.,
l. 19 p. 7 l.

SCOTT (Par *John*).

54 *Evening*, d'apr. P. Potter; *Crib and Rosa* et *The
Fox Hunter's Return*, d'apr. Ab.^m Cooper: ces 3 Morc.
par *J. Scott.* — Plus, 3 Sujets d'apr. Morland, et 7
Vues d'apr. Farington. 13 r., les 2 l.^{res} avant la
lettre.

55 *Der Sieg Bey Leipzig, Gemahlt von P. Krafft in
Wien, Gestochen von J. Scott in London* (1820).
h. 15 p. 8 l., *l.* 32 p. 11 l. 2 Epr. 1 est avant la
lettre. 2 Lots.

SIXDENIERS (Par Mr *Alexandre-Vincent*).

56 Honneurs rendus à Raphaël après sa mort, *Bergeret
pinxit, Sixdeniers sculpsit*, 1822. *h.* 15 p. 11 l.,
l. 25 p. 3 l. Epr. avant la lettre, seulement les noms
d'Auteurs et le Tit. tracés à la pointe.

TARDIEU (Par Mr *Pierre-Antoine*).

57 La Communion de Saint Jérôme, *Le Dominiquin
pinx.^t, Alexandre Tardieu sculp.^t* 1821. *h.* 26 p. 9 l.,
l. 16 p. 9 l. Epr. avant la lettre, seulement les noms
d'Auteurs.

TRESCA (Par *Salvador*).

58 L'Aurore du Guide : r. au pointillé. 2 Epr. 1 est avant
la lettre. 2 Lots.

VILLAMENA (Par *Francesco*).

59 *La Sacra Genesi figurata da Rafaele d'Urbino nelle
Logge Vaticane, intagliata da Fr. Villamena, ded.
Al' illustriss. e Reverendiss. Sig. card. Aldobran-
dino, Roma 1626 : in-4.° obl.* (*). Fig. en 20 r., savoir :
1, Dieu séparant la lumière d'avec les ténèbres ; —
2, la Création de la Terre ; — 3, la Création du Soleil et de la Lune ; — 4, Dieu créant les Animaux ; —
5, Ève présentée à Adam ; — 6, Adam et Ève man-
geant du fruit défendu ; — 7, Adam et Ève chassés
du Paradis Terrestre ; — 8, l'Assujétissement du premier Homme au travail ; — 9, Sacrifice de Caïn et
d'Abel ; — 10, Noé faisant construire l'Arche ; — 11,
le Déluge ; — 12, la Sortie de l'Arche ; — 13, le Sacrifice de Noé ; — 14, Melchisédec offrant à Abraham
un présent de pain et de vin ; — 15, Dieu montrant
à Noé l'arc-en-ciel ; — 16, l'Adoration des Pasteurs ;
— 17, l'Adoration des Mages ; — 18, Saint Jean bap-
tisant J.-C. dans le Jourdain ; — 19, la Cène ; — 20,
J.-C. résuscitant et sortant glorieux du Tombeau. De
ces Sujets, les 1.er, 2.e, 3.e, 4.e, 16.e, 17.e, 18.e et
19.e, dans des formes exagones, et les 9.e, 15.e et 20.e
représentés en manière de bas-reliefs ; — plus, 86
Morc. d'apr. des Maîtres italiens, par *Aquila, Audran, Augustin, vénitien, Bannerman, Camerata,*

(*) Ce Titre dans un cartouche de l'invention du graveur ; au
haut du cartouche, les armes de la maison Aldobrandini.

Cappelli, Dorigny, Dupuis, Perini, Surugue, Tardieu, Winstanley, etc. 101 p. 2 Lots.

VOLPATO (Par *Jean*).

60 L'Aurore répandant des Fleurs, d'apr. Barbieri dit le Guerchin. Epr. avant la lettre.

WILLE (Par *Jean-George*).

61 Les Offres réciproques, d'apr. Dietricy ; Louis XV, Buste d'apr. le marbre de J.-Bap. Le Moyne, au piédestal l'Inscrip. *Ludovicus Victor et Pacator.* 2 p.

WOOLNOTH (Par *W.*).

62 Vues de la Cathédrale de *Canterbury*, d'apr. T. Hastings et H.-S. Storer 7 p.

DIFFÉRENS MAITRES.

PIÈCES SUR BOIS.

63 Sujets de l'Histoire Sacrée et de l'Histoire Profane, Oiseaux, etc.: Morc. gravés sur bois: 152 p., à 78 de ces p. des Sujets sur le recto et sur le verso du feuillet.

PIÈCES A L'EAU-FORTE.

64 Sujets, Vues, Paysages, Animaux, Grotesques et autres Ornemens, Principes du Dessin, par *Della Bella, Castiglione, Remig. Cant. Gallina, Schiaminosi*, etc. 250 p.

65 Sujets, Vues, Paysages et Etudes de Têtes, par *Bega, Cabel, de Lairesse, Dudley, Du Jardin, Du Sart,*

Genoels, *Rembrandt*, *Stoop*, *Suaneuell*, *Vliet*, et
Waterlo, 77 r.

66 Sujets, Portraits, Vues, Paysages, Quadrupèdes et
Insectes, par *Hollar*, *Math. Mérian*, *R.-V. Orley* et
I.-V. Velde. 90 r.

67 Suites de Vues, Paysages, Etudes de Têtes, etc., par
J. Bulthuis, *Dan. Ducinger*, *Ch.-L. Hagedorn*, *J.*
Heideloff, *P. Janson*, *Klengel*, *Kolbe*, *Schenau* et
P.-G. Van Os. 75 r.

68 Sujets, Suites de Vues, Paysages et Animaux, par
Bosse, *Brebielle*, *Casanova*, *de La Rive*, *de Larue*,
de Saint-Igny, *Dughet*, *Mauperché*, *Montagne*, *L.*
Moreau, *les Perelle*, *Pérignon*, *H. Robert*, *Sarazin*
et *Is. Silvestre.* 95 r.

PIÈCES DE DIFFÉRENTES ÉCOLES.

69 Bas-Reliefs, Statues et Bustes : plusieurs d'apr. l'antique et d'apr. Polidore, Raphaël et Zuccaro, par
P.-S. Bartoli, *Bischop*, *Galestruzzi*, *Marc-Antoine*
et *Gasp. de Prenner;* et divers Grotesques et Ornemens. 180 r.

70 Sujets et Paysages, par *Grimaldi* et *Tiepolo*, et
d'apr. Campagnola, Domenichino, Palmieri, Pan-
nini et Zuccarelli. 48 r.

71 Sujets, Paysages, Animaux et Etudes, par *Cabel*,
Genoels, *Laer*, *N. Moillon*, *Ridinger* et *Stoop*, et
d'apr. Barralet, Berghem, Breughel, V. Meulen,
Potter, Rubens, Ruysdael, Stephani, Teniers, Til-
borg, Wagner, Wouwermans et autres. 272 r.
5 Lots.

72 Scènes champêtres, et Paysages avec figures et ani-

maux, d'apr. Berghem, par *P. Aveline, D. Danc-
kerts, C. et J. Visscher;* divers Animaux, d'apr.
Potter et Rubens; des Paysages, par *Suaneueli,* etc.
211 r. 3 Lots.

73 Sujets de tous genres, par et d'apr. des Maîtres des
Pays-Bas, plusieurs sont de *Theod. de Bry, Dunc-
ker, Edelinck, Colzius, Goult, Suavius,* et *J.
Visscher.* 242 r. 3 Lots.

74 Caricatures dessinées et gravées en Angleterre et en
France. 107 r. 27 sont coloriées. 2 Lots.

75 Sujets, Vues, Paysages, etc., par *D. Barrière, Che-
del, Le Potre, L. Le Sueur, Mauperché,* les *Per-
relle* et *J. Sablet;* et d'apr. Boucher, Bourdon, Claude
Lorrain, Deshays, Gasp. Dughet, Eisen, Gandat,
Houel, Huet, Lantara, Le Prince, Pillement, H.
Robert, Sarazin, Vernet, M.ᵉ Wille et autres. 292 r.
6 Lots.

76 Sujets et Paysages; plusieurs sont d'apr. Andray,
Coypel, Jouvenet, Le Bourdon, Le Brun, et Poussin;
par *Baudet, S. Bernard, Drevet, Natalis, Pesne,
Eti. Picart* et *Cl. Stella;* 210 r. 2 Lots.

77 Les Argonautes, d'apr. Jac. Carstens, par *Jos. Koch.*
24 Pl. au trait, non compr. le Tit. — Vingt-une r. de
la frise de Jules-Romain au palais du T. — Et Résurrection du Lazare, Compos. de Rembrandt.

78 Vingt-six très-grandes Estampes: par *P. Aquila,* la
Bataille de Constantin, d'ap. Raphaël; — *Gir.
Audran,* la suite dite *les Batailles d'Alexandre,* savoir:
le Passage du Granique, la Bataille d'Arbelles, la
Famille de Darius, l'Entrée dans Babylone, la Défaite
de Porus : de ces 5 r. la 3.ᵉ par *Ger. Edelinck;* la
Bataille de Constantin, le Triomphe de Constantin,

d'apr. Le Brun; le Baptême des Pharisiens, Coriolan, d'apr. Le Poussin; et Saint-Protais Martyr, d'apr. Le Sueur; — *Baudet*, les huit grands Paysages, d'apr. Le Poussin; — *Aug. Carrache*, le Calvaire, d'apr. Tintoret; — *Ghisi Mantuan*, les Prophètes et les Sybilles, d'apr. les six Angles peints à la chapelle Sixtine, par Michel-Ange; 4 Lots.

79 Sujets et Paysages, d'apr. des tabl. de Peintres d'Italie, des Pays-Bas et de France, par des Graveurs modernes; morc. du Musée Robillard et P. Laurent, du Musée Filhol, des Galeries de Florence et du Palais-Royal, des Cabinets Choiseul, Poullain, le Brun, etc.; 30 P.

80 Sujets divers, morc. de la suite du Musée publ. par Filhol, — des ouvrages du Poussin, par *J. Massard* et Mr *Massard* fils aîné; — des tabl. de Le Sueur et de Le Brun, P. au trait, — et des Métamorphoses, par *Basan* et *Le Mire*. 568 Epr. 6 Lots.

PORTRAITS ET VIGNETTES.

81 Portraits : par *De Cernel*, Fénélon; — *Delaunay*, Charon, Malherbe; — *Duponchel*, Regnier; — *Edelinck*, Louis XIV ; — *Ficquet*, Crébillon, Molière, Montaigne, Voltaire; — *Gaucher*, La Rochefoucault, Marot; — Mr *Roger*, Noverre; — *Savart*, Bayle, La Bruyère, — Mr *Tardieu*, Franklin; — *Saint-Aubin*, Diderot : 16 P. sous verre. 2 Lots.

82 Quatre Portraits : par Mr *Dien*, Mme Roland; — Mr *Lignon*, Massillon ; *Hibault*, Marie-Louise ; — Mr *Roger*, le Camoens; ces 4 P. Epr. avant la lettre, 2 pap. de Chine. Plus, 1 cah. contenant 8 petits portraits.

83. Portraits : par *Oortman*, Le Général Huber ; — par Mr *Langlois*, Pierre I ; — par Mr *Pradier*, Ducis (contre-Epr.) ; — par Mr *Pigeot*, S. A. R. Madame ; — par Mr *Richomme*, Louis XVIII, Madame, duchesse d'Angoulême ; les autres Portraits par *J. Massard, St.-Aubin*, MM.^{rs} *Bertonnier, Lefevre, Legrand, Manceau, Roger*, etc. 20 p. 8 avant la lettre, et 2 sur pap. de Chine. 2 Lots.

84 Portraits par des Graveurs anciens et modernes ; au nombre de ceux des Maîtres modernes, on en trouve plusieurs de *N. Delaunay, Ingouf, Le Mire*, MM.^{rs} *Bertonnier, Dupréel, Petit, Roger* et *Tardieu* ; 140 p. — Plus, 53 Epr. répétées de 6 différ. Portraits. 2 Lots.

85 Six cent quarante trois Vignettes, 488 la plupart d'apr. Cochin, Eisen, Gravelot et Moreau, et 155 sur bois, ces dernières exécutées en Angleterre. 3 Lots.

86 Sujets, Vues et Vignettes : de ces Morc., les uns, gravés en Angleterre et en Allemagne, par *Agar, Angus, Armstrong, Bartolozzi, Birrell, Bromley, A. Cardon, C* et *W. B. Cook, Cromek, Dauthmare, Deeble, Delattre Dormier, Finden, Fittler, Gladwin, Greig, Hall, Hawkins, Heath, Neagle, Nutter, Porter, Pye, Raimbach, Rawle, Ridley, Roberts, Scott, A.* et *J. Smith, Springsguth, Storer, A.* et *C. Warren, Wats*, etc. Les autres exécutés en France ; plusieurs sont de *Bovinet, Delignon, Ribault*, MM.^{rs} *Adan, Burdet, Johannot, Leroux, Simonet J.^e* et *Touzé* ; en tout 130 p. la plupart Epr. avant la lettre, 30 pap. de Chine. 4 Lots.

87 Sujets, Vues, Paysages, Portraits, Vignettes : Morc. à l'eau-forte, par *D. Bertaux, Choffard, V. Pillement, S.^t-*

*Aubin, MM. De Saulx, Fortier, Lerouge, Malbeste,
Pauquet, Petit, Queverdo, Schroeder, Simonet jeune,
et autres Graveurs modernes* : 296 Épr. 4 Lots.

PIÈCES AU POINTILLÉ, ETC.

88 Danse villageoise, le Village abandonné, par M.^r
  Cazenave; Étude d'un jeune enfant jouant sur l'herbe,
  par Mr *H. Lefevre;* Têtes, d'apr. Raphaël, Léonard
  de Vinci, le Guide, etc., divers Sujets, Vues, Paysages et Études, Morc. au pointillé, au lavis, à
  l'aquatinte, ou lithographiés : 146 r.; 42 coloriées. 3
  Lots.
89 Sujets et Études par *Cazenave;* l'Amour aiguisant ses
  traits; — Mr *Chaponnier,* Daniel; — Mr *Aug. Le
  Grand,* Études de Taureau, Vache, Veau, Chèvre,
  Baudet et Chien. 8 r. au pointillé.
90 Vues et Monumens d'Égypte, d'Angleterre et de
  France; — Traits historiques; — Quadrupèdes;
  Oiseaux et Insectes; — diverses Estampes répétées
  d'Épr.; et quelques Cartes et Plans : 372 r. 3 Lots.

ESTAMPÉS EN VOLUMES, ETC.

91 Peintures à fresque exécutées à S.-Sulpice, dans la
  Chapelle de S.-Maurice, par *Aug. Vinchon.* Paris,
  1823, in-fol., figures en 6 Pl. lithographiées.
92 *La Divina Comedia di Danti Alighieri cioé l'Inferno,
  il Purgatorio, ed il Paradiso composta ed incisa da
  Sofia Giacomelli;* 130 Pl. au trait, savoir : Tit.; 1,
  l'Enfer, 34; le Purgatoire, 33; le Paradis, 32. Paris,
  un vol. in-4°.

93 Histoire de l'Enfant prodigue. Paris, 1816, in-4.° en
feuilles; fig. en 12 Tabl. composés et gravés par *Jean
Duplessi-Bertaux.*

94 *Illustrations to Tales of my Landlord. Engraved
from Paintings of T. Stothard, by J. Heath. London,
1820, gr. in-8.° broché.*

95 *Ionian Antiquities, Published with permission of
the Society of dilettanti by Rich. Chandler, Nic.
Revett, and W. Pars. London, 1769, in-fol. rel.*
fig. (le 1.er vol.)

96 *A series of views in islington and Pentonville, from
original Drawings, made in the Year 1818, By
Aug. Pugin; with A Description of each subject, by
Ed. Wedlake Brayley. London, 1819, in-4.° cart.*,
les fig. sur pap. de Chine.

97 Recueil de Vues de Naples et de ses environs, d'apr.
les Dessins de L. Fergola, par *Vinc. Aloja*: 27 Pl., 1
de Tit., en lettres gravées, 1 de Frontis., et 25 de
Vues; in-fol. obl.

98 *Tables of the Skeleton and muscles of the Human
Body, by Bernard Siegfried Albinus. Edinburgh,*
1777, in-fol., fig.

99 *Ivenzioni diverse di mobili ed ustensili sacri e profani
per usi comuni della vita raccolte ed incise in molte
Tavole da P. Ruga coi disegni di Lor. Roccheggiani.*
101 Pl. au trait (compr. 1 de Tit.) 2 vol. in-4.° obl.

100 *Nuova raccolta di cento Tavole i Costumi religiosi,
civili, e militari, degli antichi Egiziani, Etruschi,
Greci, è Romani, disegnate da Lor. Roccheggiani ed
incise da P. Ruga. Roma, in-4.° obl.*

101 Recueils divers, savoir : Sujets tirés de la Genèse,
Compos. gravées sur bois, 118 morc. imprimés sur

le recto et sur le verso de 59 feuillets. — Métamorphoses, 150 p., par *Tempeste.*—Sujets et Paysages, par *Castiglione, Perelle* et autres, 24 p. ; — les Proportions du Corps humain. Paris, Bance, 1817, fig. — Architecture de *Peyre.* Paris, 1765, fig. — et deux Livraisons de l'Encyclopédie méthodique, (Art. Aratoire). Ces 7 vol. de form. différ. 2 Lots.

102 Entretiens sur les Vies et sur les Ouvrages des plus excellens peintres, par And. Felibien. Paris, 1696, 2 vol. in-4.° rel.

103 Vie de Nicolas Poussin, par Gault de Saint-Germain, et son œuvre dessiné et gravé par *J. Massard* et M.ʳ *J.-B.-L. Massard.* Paris, 1803, in-8.°en feuilles, fig. en 31 Pl. 2 exempl.

PLANCHES GRAVÉES.

BOIZOT (d'après).

104 Télémaque à la cour de Ménélas, *dessiné par Boizot,* *gravé par A. Clément*, н. 15 p. 8 l., L. 21 p. 10 l., le cuivre porte 19 p. 6 l., sur 24 p. 11 l. 1 Pl. gravée au pointillé; 1 Epr.

MONSIAU (d'après M.ʳ).

105 Triomphe de Paul-Émile, *Monsiau inv^t* , *Vieilh-* *Varrenne Sc^t* . Deux Compositions, н. 8 p. 9 à 10 l., L. 24 p. 2 à 4 l., les cuivres portent 12 p. 6 à 7 l., sur 27 p. 3 à 6 l., 2 Pl. à l'aquatinte; 2 Epr.

POTAIN (d'après M.ʳ).

106 Premier Acte civil de la République d'Athènes, *dessiné par V. M. Potain , gravé au lavis par*

P. M. Alix. h. 15 p. 8 l., l. 32 p. Le cuivre porte
20 p. 2 l., sur 34 p. 4 l., 1 Pl. 1 Epr.

RAPHAEL (d'après).

107 Les Caresses de Jésus à Saint Jean, *peint par Raphaël Sanzio d'Urbin, gravé par Jean Massard;*
au pointillé, h. 11 p. 6 l., l. 10 p. 11 l., le cuivre
porte 17 p. 11 l., sur 13 p.; 1 Pl. 80 Epr.; 35 sont
avant la lettre.

<hr>

DESSINS.

108 Caravane, et Halte de Cavaliers, par *Fixon;* —
Intérieurs de Jardins, par *H. Fragonard;* — Sujets
de Sacrifices, par *L. Fel. De Larue;* — Vue du
Tibre et de Monumens de Rome, par *P. Parmentier*, 1785; — Monument en ruine, par *J.-Chr.
Reinhart*, 1786; — Compositions de Robert, Scènes
de Werther et de Nina, des Esquisses et des Etudes,
45 dessins. Ceux de Parmentier et de Reinhart sont
sous verre. 4 Lots.

109 Bacchante et Scène de Roman, par M.* *Dunand;*
— Vue d'une Ville, par M.* *Hubert;* — Escalier
de Cellier, par M.* *La Pagerie;* 1821; — Intérieurs
d'Eglise et Vues de Cascades, par M.* *Nicolle.* 8
dessins, 2 Lots.

110 Vues d'Italie, par M.* *A. Paillar;* — Naissance du
Duc de Bordeaux, et Scène en Espagne, par M.*
Rouanne; — et sept Vue, Marine, et Paysages,
par des Artistes modernes; 11 dessins.

111 Les Articles non décrits seront divisés sous ce n.º

FIN.

ORDRE DE LA VENTE.

Première Vacation, *le Mercredi 7 Avril 1824.*

Estampes en feuilles, N.ºs 2, 3, 5, 9, 10, 13, 16, 17, 18, 19, 22, 23, 25, 27, 28, 29, 34, 35, 36, 37, 38, 46, 47, 48, 52, 54, 59, 62, 63, 64, 65, 66, 67, 68, 69, 72, 73, 74, 76, 77, 79, 80, 82, 83, 84, 85, 86, 87, 88 et 90.

Planches gravées, N.ºs 104, 105, 106 et 107, et 112 partie.

Deuxième Vacation, *le Jeudi 8 Avril.*

Estampes en feuilles, N.ºs 1, 4, 6, 7, 8, 11, 12, 14, 15, 20, 21, 24, 26, 30, 31, 32, 33, 39, 40, 41, 42, 43, 45, 49, 50, 51, 53, 55, 56, 57, 58, 60, 61, 70, 71, 75, 78, 81 et 89.

Estampes en volumes, etc., N.ºs 91, 92, 93, 94, 95, 96, 97, 98, 99, 100, 101, 102, 103.

Dessins, N.ºs 108, 109, 110 et 111, et 112 partie restante.